Zhongguo Wenhua
Zhishi Duben

中国文化知识读本

主编 金开诚

编著 李明望

关东文化

吉林出版集团有限责任公司

吉林文史出版社

图书在版编目（CIP）数据

关东文化 / 李明望编著. —— 长春：
吉林出版集团有限责任公司：吉林文史出版社，2009.12 （2023.4重印）
（中国文化知识读本）
ISBN 978-7-5463-1697-0

Ⅰ. ①关… Ⅱ. ①李… Ⅲ. ①文化史－东北地区
Ⅳ. ①K293

中国版本图书馆CIP数据核字(2009)第236920号

关东文化

GUANDONG WENHUA

主编/ 金开诚 编著/李明望

项目负责/崔博华 责任编辑/曹 恒 于 涉
责任校对/王 非 装帧设计/曹 恒
出版发行/吉林出版集团有限责任公司 吉林文史出版社
地址/长春市福祉大路5788号 邮编/130000
印刷/天津市天玺印务有限公司
版次/2009年12月第1版 印次/2023年4月第5次印刷
开本/660mm×915mm 1/16
印张/8 字数/30千
书号/ISBN 978-7-5463-1697-0
定价/34.80元

前言

文化是一种社会现象，是人类物质文明和精神文明有机融合的产物；同时又是一种历史现象，是社会的历史沉积。当今世界，随着经济全球化进程的加快，人们也越来越重视本民族的文化。我们只有加强对本民族文化的继承和创新，才能更好地弘扬民族精神，增强民族凝聚力。历史经验告诉我们，任何一个民族要想屹立于世界民族之林，必须具有自尊、自信、自强的民族意识。文化是维系一个民族生存和发展的强大动力。一个民族的存在依赖文化，文化的解体就是一个民族的消亡。

随着我国综合国力的日益强大，广大民众对重塑民族自尊心和自豪感的愿望日益迫切。作为民族大家庭中的一员，将源远流长、博大精深的中国文化继承并传播给广大群众，特别是青年一代，是我们出版人义不容辞的责任。

本套丛书是由吉林文史出版社和吉林出版集团有限责任公司组织国内知名专家学者编写的一套旨在传播中华五千年优秀传统文化，提高全民文化修养的大型知识读本。该书在深入挖掘和整理中华优秀传统文化成果的同时，结合社会发展，注入了时代精神。书中优美生动的文字、简明通俗的语言、图文并茂的形式，把中国文化中的物态文化、制度文化、行为文化、精神文化等知识要点全面展示给读者。点点滴滴的文化知识仿佛颗颗繁星，组成了灿烂辉煌的中国文化的天穹。

希望本书能为弘扬中华五千年优秀传统文化、增强各民族团结、构建社会主义和谐社会尽一份绵薄之力，也坚信我们的中华民族一定能够早日实现伟大复兴！

目录

一、关东历史及地名

黑龙江

清朝是满族贵族创建的一代封建王朝，东北是它的故乡，被清朝统治者尊为"龙兴之地"。清朝在入关前的二十八年中，与明朝激烈争夺东北，最后完全摧毁了明朝对东北的统治，很快设官建制，逐渐完善起来。自清朝定都北京后，以盛京（今沈阳）为留都，设文武大臣驻守其地，总管三省一切军政庶务。顺治三年，改为奉天昂邦章京，乃全权掌管三省。以后，三省分治，各设独立行政机构。今吉林省初设于顺治十年，兼辖黑龙江，即两省为一个机构所辖，治所设于宁古塔（今黑龙江宁安）。至康熙十五年，将治所迁至吉林乌拉城（今吉林市）。乾隆二十二年，改称"镇守吉林等处地方将军"，简称吉林将军。今辽宁省是在乾隆十二年改称为"镇守盛京等处将军"，简称盛京将军；黑龙江省设治，是在康熙二十二年反击沙俄前正式设立的，名称即为"镇守黑龙江等处将军"，简称黑龙江将军。这就是清代东北三将军之由来。"三将军"虽不是行省名，但实际上是三个行省，建置与内地所设总督、巡抚有别，具有军事管辖的性质。虽然三将军所辖地区及名称，与今天的吉林、黑龙江、辽宁相合，但各自所辖范围、疆域的大小，却有很大差别。

清朝为政，反对"华夷之辨"，自称"中

鸭绿江源

吉林乌拉街满族镇民居

外一家""满汉一体",而实际上汉人处于被
奴役状态,在一个政权的统一治理下,无内
外之分,所以,清入关后不再修长城。清朝
废长城,却不废山海关。保留山海关,可以
稽察往来商旅,抽取税收,也为保护"龙兴
之地",严禁内地人通过山海关进入东北,俨
然山海关成了清朝封禁东北的一个不可逾越
的关口。辽宁、吉林、黑龙江三省作为清朝
的政治与经济的"特区"而受到严格保护。

　　努尔哈赤在起兵复仇的过程中,首先统
一了女真,当进入辽东地区,又把居于此的
广大汉人也纳入到后金政权的统治之下。其
子皇太极即位后,屡次远征黑龙江中上游的

雪乡美景

清太祖努尔哈赤像

大连星海广场一景

呼尔哈人、索伦人，实际也是女真人的不同部族。这些部族后发展成如鄂温克、达斡尔、鄂伦春等族。一直到 1635 年，皇太极宣布自此废除诸部落的族号，改称"满洲"，标志着新的民族共同体即今之满族最后形成。在关东的领域中，每个地方都有它自己的名字，而每个名字也都有其独特的意义。

（一）"大连"的传说

从前，有两个穷苦的孩子，一个叫大海，一个叫小妹。大海憨憨厚厚，双臂很有力气；小妹也是苦人家出身，长得平平常常，细眉细眼，他们都在财主家给财主干活。财主家有好地上千顷、奴仆无数，任他使唤，由他

美丽的丹顶鹤

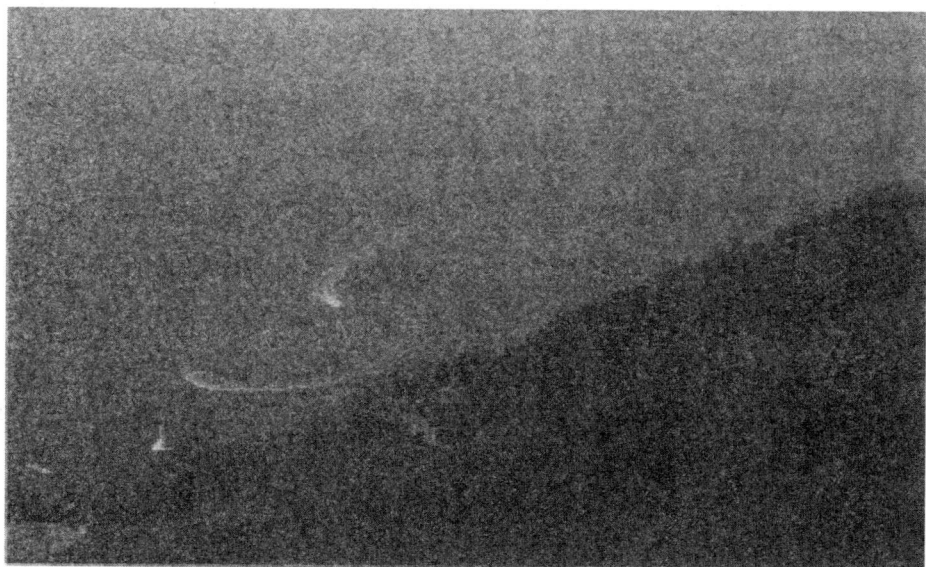

大连三面环海，景色优美

打骂。两个人渐渐长大，之后相爱，悄悄逃离了财主家。他俩先是向北走了七七四十九天，又向东走了七七四十九天，寻了好多个主人，可是没遇上一个好心肠的。于是两个人又朝大雁南飞的方向走去，一路上捕鱼打猎，翻山涉水，到春暖花开的季节时，来到了一个山清水秀的地方。

这地方三面环海，一面临山，树林里有采不尽的野果、打不完的野兽，大海里有捞不完的鱼虾。两个人来到一块平坦的山坡上，在此安居下来。从此，大海天天上山开荒，小妹也不闲着，挖野菜、采野果，日子过得虽有点苦，可是两个人非常的恩爱。一天, 大海走在山路上, 忽然迎面吹来一阵海风。风过后, 有一样东西绊住了他的脚, 他拾起一看, 是个破褡裢, 大海随手扎在腰上。有了地, 但是没有种子来下种, 小两口愁得没法, 并肩站在海边, 望着蓝蓝的大海出神。大海抓过破褡裢, 自言自语地说: "褡裢啊! 褡裢! 财主的褡裢满满的, 什么时候我们穷人的褡裢也装得满满的就好了。"说着说着, 破褡裢忽然鼓了起来, 只见一些金黄的苞米粒从褡裢口流了出来。从此, 小两口再也不为种子发愁了, 只需说一声种子, 那种子就会不断地从褡裢里流出来。就这样, 两个人高高兴兴地开荒、播种, 心里美滋滋地, 说不出有

大连星海广场

多高兴。老财主听说大海和小妹有个宝褡裢，立刻红了眼，就来争夺，结果把褡裢挣断了。这时，只见大海和小妹各抓着半截褡裢，忽忽悠悠地向空中飞去了。大海和小妹越飞越高，飞着飞着，两片褡裢又连到了一起。这时，褡裢越来越大，在空中变成两座大山，轰隆一声，大山落了下来，把老财主压在下面。褡裢的两头变成了两座高山，两座高山连着一条窄长的陆地，中间环抱着一个大海湾，形成了一个褡裢形状的半岛。从此，人们把这个地方叫做"褡裢"，那个海湾就叫"褡裢湾"。后来叫的人多了，逐渐叫白了，就叫成了今天的"大连"。

大连美景

（二）赫哲族与白城人

东北有很多少数民族，赫哲族就是其中之一，听老人讲，赫哲族是白城人的后代。传说当年岳家军和金兀术打仗，岳家军包围了白城。金兀术早有准备，加强了护城防守，岳家军一连围城半月多，不能攻下城来，大将牛皋想了一条破城妙计。第二天，士兵们抬着成桶的白酒，来到了城墙下面。他们点起火堆，烤火取暖，开怀畅饮起来。守城的一个老兵，看见岳家军喝酒，就向他们讨酒喝，结果用数千只麻雀，换了几百斤酒。守城士兵便你一杯、我一碗畅饮，一个个喝得酩酊大醉。

赫哲族的鱼皮饰品

岳家军的探子立即向牛皋报告。当天晚上，岳家军纷纷在麻雀腿上、尾巴上绑上了火捻，然后点着了火，顿时劈劈啦啦，几千只带着火的麻雀，一窝蜂地飞进城里去了。带火的麻雀飞到哪里，火星一落，哪里就燃起了大火，一时间，整个白城火光熊熊，烟雾腾腾。就这样，岳家军趁着城内一片混乱之时，金鼓齐鸣，杀声震天，一举攻破了白城，弄得金兀术蒙头转向，成了惊弓之鸟，领着残兵败将朝着北边逃命去了。

他们走了几个月工夫，来到了黑龙江，

黑龙江风光

这时天空赤日炎炎，大江波浪滔天，附近找不着一只可渡江的船。金兀术心急火燎，但一时又没有办法，只好在江边搭起帐篷歇脚。一天，他喝了一通闷酒之后，问他的大儿子："你去看看，大江封冻了没有？"大儿子回答说："父帅，夏天里咋会冻啊？"金兀术听了，破口大骂："难道我全军人马，非得在此覆灭不成！来人，把他给我推出去斩首！"第二天，金兀术喝着酒问他的二儿子："你去看看，大江封冻了没有？"二儿子老实巴交的，也反问说："父帅，夏天时候，咋会封冻？"金兀术听了，破口大骂，又命令左右把二儿子

赫哲族全鱼宴

推出去杀了。第三天，金兀术又喝得酩酊大醉，问他的三儿子："你出去看看，大江封冻了没有？"三儿子一时犯了愁，不知如何是好，他独自走到江边，对着滔滔的大江祷告起来："天神呀！地神呀！如果我不该死，如果白城人还能生存，就请黑龙江结冻三尺，帮助我们过江吧！"他刚祷告完，天气霎时变得寒冷起来，接着下起了鹅毛大雪，寒风呼啸，如同严冬一般。江面上结了冰块，互相碰撞发出了"咔咔"的响声。不一会儿冰块连结成了一座冰桥，横跨大江两岸。三儿子看到这个情景，高兴地回到帐篷，对父亲说："父

赫哲族鱼皮画

关东地区民风淳朴

帅，天地同情我们，六月天在江上结起了冰桥，让我们渡江过去！"

金兀术一听大喜，派人到江边察看，果真六月的黑龙江结起了一层厚冰，人马行走，安全无恙。这一来，金兀术率领士兵和百姓，顺利地渡过了江。说起来也真怪，金兀术的人马刚一过江，江上的冰桥就嘎嘣嘎嘣地裂开，化成了水，岳家军追到江边，只好望江兴叹。金兀术的人马和百姓过了江后，粮草断绝，士兵们只好整日钓鱼充饥，可是能钓到的鱼很少，不够大家吃的，金兀术又带领亲兵亲将，沿江而上，去寻找食物。队伍在行进途中，立草把来指路，哪料草把插在沙滩上，被风一吹便转了向，后面的人马迷了路。这些人越走，离前面的人马越远。最后，他们分散到松花江、黑龙江和乌苏里江沿江一带，长期定居了下来，以打猎和捕鱼为生。后来，人们把当时在江边居住下来的人叫"奇楞"，沿江往西走的叫"索伦"，沿江往东走的叫"赫金"。到了清代，才统一族称为"赫哲"。直到今天，老年人说起赫哲族的祖先，都说是当时的白城人。

（三）老汗王攻取沈阳城的传说

明朝时，努尔哈赤统一了女真族，于1616年建立了后金政权，人们称他为"老汗

老沈阳城复原图

老沈阳城风貌

王"。他创立了八旗制度，并向明朝公开宣战。先攻打抚顺、清河，后金军旗开得胜。1619年，明朝派九万大军在萨尔浒与后金军展开大战，老汗王以"凭你几路来，我只一路去"的作战原则，各个击破，萨尔浒战役只打了五天，明军大败。战后，老汗王迁都萨尔浒。明朝朝廷感到沈阳城危在旦夕，增兵七万，在城外挖了深壕，配备了火枪火炮，日夜加强戒备。谷雨刚过，老汗王带兵水陆并进，在沈阳城东七里以外，安营扎寨，黎明前下令攻城，明军猛烈反击，后金军伤亡很大。明军三万守城，四万在壕坎上，把沈阳守得如铁桶一般，但老汗王还是发现了明军的软肋，于是下令二次攻城。后金军把战车尽数推进壕里，上横长木，架起桥梁，骑兵飞跃过壕，明军防线被突破了。后金军将明军各个击破，攻取了辽东重镇沈阳，接着，老汗王率军大破前来援救沈阳城的明军，战败明军老将陈策率领的四川长枪、长刀兵，后金军不久攻下辽阳，并定都辽阳，1625年迁都沈阳。老汗王迁都沈阳后，于1625年开始动工修建故宫，沈阳故宫成为当时后金政权的统治核心。

二、关东文化的历史演变

（一）关东文化的起源与精神内涵

文化是人类群体创造并共同享有的物质实体，是人类群体的整个生活状态，具有与人类本身同样古老的历史。文化的核心是人，从明清以来东北地区人口演变有一定的趋势，汉族为主体，包括满、蒙、朝鲜、鄂伦春、赫哲等少数民族为复合群体。这一群体的形成从明代开始酝酿，至清代中后期开始形成，到清末以来，随着历史的演变，其中相当的一部分已融入关东文化的种群中。因此，我们对关东文化的发展可以作出如下的概括：从远古直至明代以前，东北地区历史的发展、民族间的斗争与迁徙，是关东文化深厚的历

大兴安岭风光

呼伦湖

史渊源；从明王朝的建立与山海关的修筑到满族的兴起与入关，是关东文化的酝酿时期；从清廷在东北实行招民垦荒到封禁政策的实施，伴随着关内直、鲁两省大批移民冲破封禁政策进入东北，迫使清朝统治者不得不解除封禁政策，是关东文化形成并定型的时期；从20世纪初至东北解放为止，是关东文化的多元碰撞、曲折发展时期。

在长期的侵略与反侵略以及抵抗日本帝国主义吞并全中国阴谋的斗争中，关东文化经受了血与火的考验，既融入了外来的因子，又保持了自己的特色，呈现出独具一格的特

点。在物质文化方面，它的生产结构在明清时期呈现出从农业、渔猎、采集、游牧并存向以农业为主、其他为辅的转变，到清末民初以后，农业生产进一步成为整个社会的经济基础。关东地区既有中国古典建筑与满族建筑，又有一批俄式、日式建筑。这些俄式、日式建筑物在东北各主要城市均有兴建，成为关东文化区别于中原、内地文化的一个重要特征。在制度文化方面，关东文化作为明清以来形成的区域文化，一直处于中央政治体制的控制之下，中央政权在东北地区实行的各种制度，对关东文化的形成起着重要的制约作用。这一时期中央政策的变化对关东文化的定型起了重要的作用，具体表现为：封禁政策的解除与移民实边政策的实施；清末新政的实行与东三省行政体制的改革；州县设置的日益完善。尤其是大批州县的增设，使关东地区与中原母体之间的联系更加紧密，成为中国不可分割的一部分，同时，州县建置的完善进一步促进了关东土地的开垦、人口的增长和城镇、村落的兴起。在精神文化和行为文化方面，关东文化区别于中原和关内其他文化的特点表现为：以豪放、旷达、质朴厚重、宽厚包容而绝少排他性为特点的

关东特色小吃

关东人群体性格特征，这一特征来自于关东大地白山黑水的濡染，来自于多民族的融合，来自于汉族移民带来的儒家文化的影响；多元碰撞，兼容并包。这一特征表现在宗教信仰上，是以中华文化传统的儒、释、道为主体，回教、萨满教以及基督教、东正教、天主教兼容并存；表现在教育体系上是官办学校、私学、书院和俄、日的殖民学校并存，还有语言文化上对外来语的吸收等等。

（二）关东文化的嬗变

19世纪，黄河下游连年遭灾，清朝政府却依旧禁关，成千上万的破产农民不顾禁令，

东北农村平原

大兴安岭雪乡村庄

冒着被惩罚危险,"闯"入东北,此为"闯关东"
来历。

"闯关东"是中国近代至清代向东北移民
的略称,闯关的流民以山东、河北、河南、山西、

关东庙会

陕西人为多，而其中又以山东人为最。"闯关东"由来已久，原因无疑也是复杂的，正是这种"由来已久"，使"闯关东"逐渐成为具有"山东特色"的地区文化传统，在齐鲁大地承传、沉淀、累积。在胶东有些地区，几乎村村、家家都有"闯关东"的，甚至村里青年人不去关东闯一闯就被乡人视为没出息。"闯关东"作为一种社会习俗而被广泛接受，这不能不说是一种文化现象，作为一种地区文化传统，"闯关东"深深扎根于日益扩大的社会联系中。进入民国时期，流民"闯关东"高潮迭起。民国时期历年进入关东地区的贫民人数多寡不一，但至少也在二十万人以上，而超过百万人的年份有四年。闯关东分三个时期：(1) 1644—1667 年，《辽东招民开垦条例》规定"招至百者，文授知县，武授守备"，23 年间"鲁民移民东北者甚多"，许多地区因移民而"地利大辟，户益繁息"。(2) 1668—1860 年，为维护满族固有风俗和保护八旗生计，康熙七年（1668 年），清廷下令"辽东招民授官，永著停止"，对东北实行禁封政策。(3) 1861—1911 年，鸦片战争后清政府对边疆控制日益减弱，沙俄不断侵蚀黑龙江边境，清政府采纳了黑龙江将军特普钦的建议，于咸丰十年（1860 年）正式开禁放垦。

关东庙会

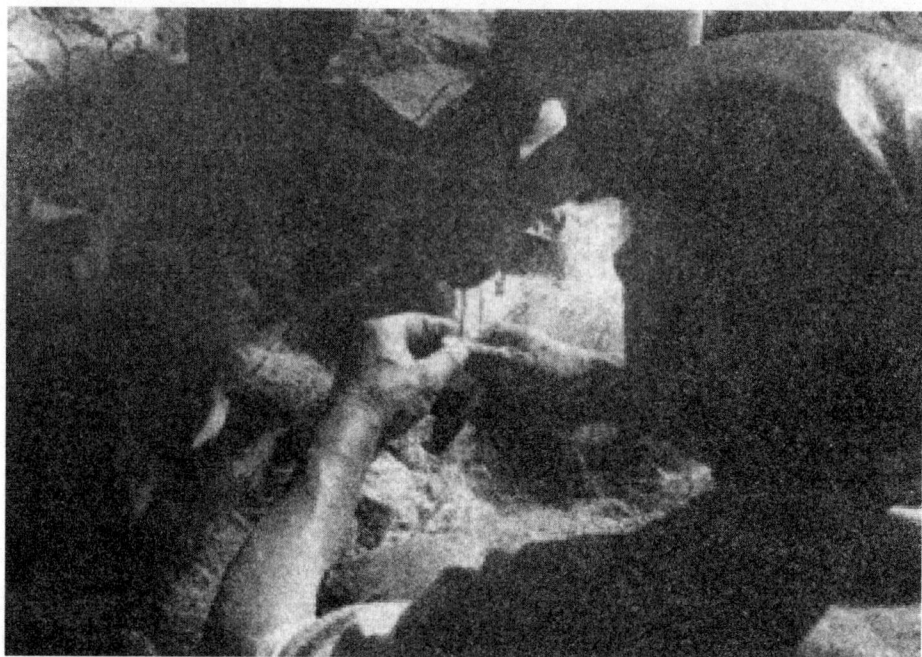

呼伦湖捕鱼

  关东是山东人的第二故乡，那里有他们的父老乡亲，一旦生活发生困难或遭遇天灾人祸，他们便首先想到"闯关东"，投亲觅友，以求接济。闯关东是一种社会历史移民现象，是贫苦农民在死亡线上自发的不可遏止的悲壮的谋求生存的运动，有自发的客观因素，也有内在的政治影响深度。对绝大多数的山东移民来说，东三省无非是山东省的扩大，山东村、河北村等在关东的"复制"，实际上就是中原文化的平面移植，加上人数占绝对优势，他们有充分理由保持齐鲁文化或燕赵文化。他们可以不必改变自己，削足适

伐木人居住的帐篷

履，去适应当地的社会风俗、宗教信仰，使用当地的语言文字等，从某种意义上说，这同样是文化上的保守主义。对于闯关东的意义，曾有人说过这样一段话："社会意义上，东三省基本上是华北农业社会的扩大，二者之间虽有地理距离，却没有明显的文化差别。华北与东三省之间，无论在语言、宗教信仰、风俗习惯、家族制度、伦理观念、经济行为各方面，都大同小异。最主要的是东三省移垦社会成员，没有自别于文化母体的意念。"

"闯关东"是真正产生于人民之中的历史文化现象，连这个"称呼"都源自民间、源

关东雪乡

于人民。"闯关东"是一种重要的历史文化现象，没有这种历史文化现象，也难以形成"闯关东精神"，或者说"闯关东精神"本身就是关东历史中的一种极为重要的历史文化现象。"闯关东精神"内涵丰富，一个"闯"字，蕴含着"不甘现状""充满挑战""充满希望"这样三层内涵；一个"闯"字，体现了坚忍不拔一往无前、不达目的绝不罢休、敢于斗争敢于胜利的价值理念；一个"闯"字，是一个国家一个民族生生不息、茁壮成长、蓬勃发展的强大动力。

"闯关东精神"是勇于开拓、敢为人先的精神，是百折不挠、敢于胜利的精神，是自强不息、艰苦创业的精神，是团结友爱、共渡难关的精神，是豁达包容、重义守信的精神，是顾全大局、无私奉献的精神。可以说，"闯关东精神"和关东文化是中华民族精神和优秀文化的重要组成部分，是具有典型东北地域特征的创业精神和创业文化。它来源于雄浑厚重的中原文化与粗犷豪放的北方文化的长期融合浸染，深深地植根于关东的黑土地，它的影响早已经突破了东北地区，对关内的经济社会发展都起到了一定的推动作用，是中华民族宝贵的精神财富和文化遗产。

三、关东的民俗文化

每个民族都有自己独特的文化和生活习惯，关东自然也不例外，甚至比其他地方更多一些。例如东北大秧歌、满族秧歌、二人转、评剧、皮影戏、朝鲜族歌舞、满族莽式歌舞、民间舞蹈、农民画、木偶戏、喇叭戏、梆子、民间绘画、剪纸等等，每一样都有其独特的艺术特点，令人不得不称赞。

秧歌队中乐手卖力的吹着唢呐

（一）东北大秧歌

在关东大地上，最受老百姓喜爱的民间歌舞就是东北大秧歌。每年正月，无论城镇还是村庄，都有秧歌队欢快活泼的唢呐声、锣鼓声在喜气洋洋的节日气氛中回荡。解放前农村秧歌又扭又唱，又叫"唱秧歌"；农村秧歌游屯串村，又叫"跑秧歌"；城镇秧歌光扭不唱，又叫"扭秧歌"。史书记载，早在康熙年间，东北就已经有了正月十五办秧歌的习俗。到了清末，扭大秧歌已经是遍布东北各地的春节娱乐活动。"办秧歌"的发起组织者，或是商家富户，或是行政机构，或是民间组织，具体事项通常是由一位演技好、威望高、办事能力强的"秧歌头"负责张罗。

解放前的秧歌队全是男的，二人一小组，一个"上装"，即扮女的，又叫"包头的"；

一个"下装"，扮男的，又叫"斗丑的"，"上装""下装"一起叫做"一副架"。四人一大组，叫"一棒鼓"。在秧歌队中"头棒鼓""二棒鼓""三棒鼓"……排列有序，每人都有固定的位置。"头棒鼓"是全队扭唱技艺最高的，"二棒鼓"次之，"三棒鼓"更次之。秧歌队的领头带队的戴文生巾，披斗蓬，持折扇，只他一人没有"上装"搭配，故称"傻公子"，又叫"拉衫的"。秧歌队的排尾叫"老坐子"，也是一副架："上装"是一个扮相刁泼的老太太，手拿两根棒棰，耳戴红辣椒；"下装"是一个扮相滑稽的老头，驼背，拄拐杖。秧歌队中也有扮故事中人物的，如青蛇、白

最受老百姓喜爱的东北大秧歌

蛇、猪八戒、孙悟空等。秧歌队大的六七十人，小的二三十人。

　　正月初一家家户户都忙着拜年，一般从初二开始"跑秧歌"。演出形式以拜年贺喜为主。这种演出，受拜者要预备烟茶款待，并在秧歌队临走时给"秧歌头"赏钱，有的还要管饭。所以秧歌队拜年事先已选好对象，起码是要给得起赏钱的才能去，否则人吃马喂各种费用就难以开销了。当然，演出时当地男女老少都可以白看热闹。过去农村过年，一是图"喜兴"，二是讲面子。假如哪个村没来秧歌队拜年，村里的人都会觉得不开心。秧歌扭得好叫"扭得浪"，即不但舞姿要优

冀东大秧歌

秧歌扭得好叫"扭得浪"

踩高跷是秧歌里的精彩部分

踩高跷

美，而且腰胯摆动的幅度要大，节奏感要强，表情要有感染力，总之是不能平淡而要夸张，才符合关东豪爽热情的民风。此外，秧歌的"走阵"也要活泼新鲜。除通常的圆场外，还可以走出"二龙吐须""太极八卦"等许多花样，时快时慢，边走边变，加上演员服装的鲜艳色彩，看得人眼花缭乱。

秧歌里的精彩部分是高跷，俗称"踩高脚子"。跷棍长二至三尺，表演中也是走秧歌步和阵形，以扭得快、扭得欢为好。秧歌中所扮的人物，既有披红挂绿的大姑娘、小媳妇儿，也有抽长烟袋的丑婆子、戴纱帽翅的县官、呆头呆脑的"傻柱子"，以及"跑驴""旱

秧歌表演要夸张，才符合关东豪爽热情的民风

船"等加带其他道具的表演，个个朴实憨厚、滑稽可爱。看秧歌最过瘾的是遇上"打对台"，即一个场子来了两支秧歌队。因为过年时的秧歌大都给赏钱，所以按照不成文的规矩，一个演出场地只能留一支秧歌队。如果两伙秧歌队同时到，或是后到的秧歌队不愿退让，那就只能以演技分高低。扭得好，能吸引观

秧歌表演

众的留下，技不如人的自动退出。每逢这时，
两支秧歌队都得拿出看家的本事，格外卖力，
较着劲儿地扭，观众们则渔翁得利，大饱眼福。

　　过年开扭的秧歌到正月十五至十六两天
达到高潮。这时走村串屯的拜年已经结束，
街上的商家店铺也开始了新一年的营业。元
宵佳节之日，秧歌队纷纷集中到当地最繁华

秧歌队的游行式演出

热闹的市镇街道，进行游行式的演出。有的还特意办出与赏花灯气氛融为一体的"灯官秧歌"，街市上精彩表演此起彼伏，热闹非凡。

（二）二人转

在休闲文化方面，除了扭秧歌，还有一个广大人民非常热爱的活动，那就是观看二人转。东北二人转史称小秧歌、双玩艺、蹦蹦，又称唱蹦子、过口、双条边曲、风柳、春歌、半班戏、东北地方戏等，是由东北民歌演变而来的东北土生土长的载歌载舞的民间艺术之一，是在东北地区喜闻乐见、具有浓郁地方色彩的民间艺术，至今已有三百多年的发展历史。在东北，上自七八十岁老人，下到几岁孩子，都会唱上几口，如《王二姐思夫》《西厢记》《猪八戒背媳妇》等。唱二人转，几乎是东北人一种与生俱来的本能，是东北人民祖祖辈辈流传下来的文化，长期以来深受东北群众尤其是广大农民的喜爱。

二人转演员练习绝活

二人转是一项深受东北人民喜爱的休闲文化活动

二人转由男"下装"、女"上装"，二人"一副架"演唱，基本曲调有"文咳咳""武咳咳""喇叭牌子""大救驾""四平调""十三咳""红柳子""胡胡腔""小翻车""大悲调"等。二人转的曲目，主要来源于戏曲小说、评书鼓词和民间传说故事及社会新闻等，大都是关东百姓喜闻乐见的古代英雄好汉、男女爱情和忠孝节义类故事，如《西厢》《蓝桥》《杨八姐游春》《燕青卖线》《浔阳楼》等都是其中的名段。而表现这些内容的说唱是人人听得懂的大白话，原生态的二人转被称为"黄色"二人转，经过改造的二人转被称为"绿色"二人转。但东北人却认为，二人转最抢眼的地方就是"浪"字，略带点色的段子在二人转中表演得出神入化，台下的观众在笑声中显露了其生活真实的一面，二人转毫不掩饰它彻底的娱乐精神。

有人说，二人转是土生土长、原汁原味的一盘"农家菜"，是东北民风民俗的一种体现。虽然二人转偶尔会有些低俗的词句和动作，但还是有极高的艺术水平和观赏价值的。如果二人转失去了它的"粗"和"俗"，也就失去了生命力，失去了广大农村市场，也不能称为"二人转"了。现代著名美学家王朝

二人转表演——抛手帕

闻对二人转如此评价："她好像一个天真、活泼、淘气、灵巧、泼辣甚至带点野性的姑娘，既很优美，又很自重，也可以说是带刺儿的玫瑰花。"二人转集中反映了东北民歌、民间舞蹈和口头文学的精华，二人转的唱本语言通俗易懂，幽默风趣，充满生活气息。

"宁舍一顿饭，不舍二人转"，除了因为二人转的乡土性和灵活性外，还在于其艺术上的独特魅力。二人转的表演手段大致可分为三种：一种是二人化装成一丑一旦的对唱形式，边说边唱边舞，这是名副其实的"二人转"；一种是一人且唱且舞，称为"单出头"；还有一种，是演员以各种角色出现在舞台上

二人转表演——转手帕

二人转表演——扇子转手帕

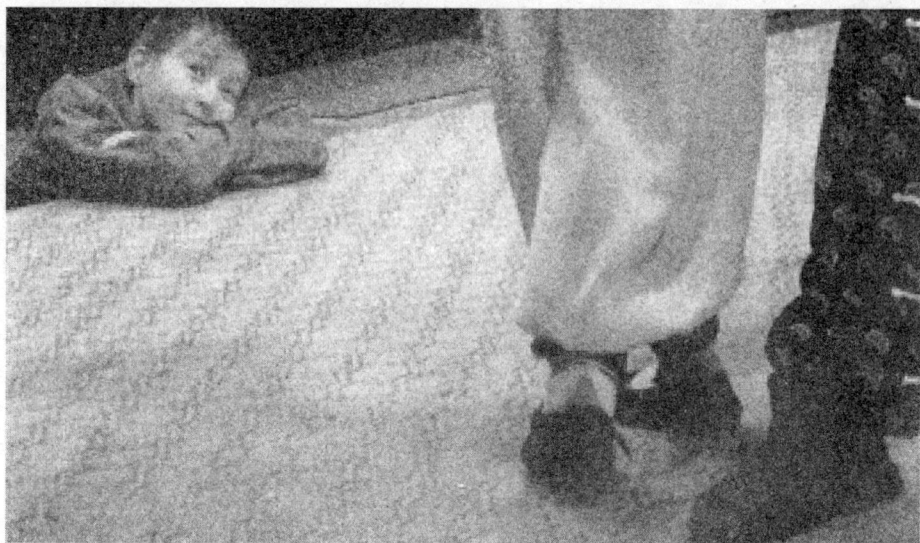
宁舍一顿饭，不舍二人转

唱戏，称"拉场戏"。二人转演员的表现手法，有"四功一绝"之说。"四功"即唱、说、扮、舞；"一绝"指用手绢、扇子、大板子等道具的特技动作。四功"唱"为首，高亢红火，风趣幽默，讲究味、调、劲；"说"指说口，多采用民间生动活泼的语言，机智灵活；"扮"则指扮演人物以形写神，以假乱真，讲究"二人演一角，人分神不分""一人演多角，人不分神分"；而"舞"更是别具一格，肩功、腰功、步法很有特色，尤其腕子功，包括平腕、翻腕、甩腕、压腕、绕腕、抖腕等多种，不一而足，令人拍手称奇。二人转的"一绝"，以手绢花和扇花较为常见，这部分与东北大秧歌相似。右手持大板子的舞者，左手通常持甩子，能

二人转演员在台下刻苦练功

二人转表演

二人转表演

舞出"风摆柳""仙人摘豆""金龙盘玉柱""黑虎出山""金鼠归洞""缠头裹脑"等高难动作。

改革开放以后，"二人转"曲牌又不断出新，伴奏乐器增加了扬琴、琵琶等，一些流行的通俗唱法和电声乐器等也已融入二人转中，逐渐演变成现在的一门综合曲艺形式，表演形式与唱腔也更加丰富了。演员手持道具又增加了花伞、纱巾、长绸，根据塑造人物的需要，服饰又得到相应的改进，舞台演出运用灯光色彩的变幻，烘托戏剧情境，综合艺术质量不断提高。此间涌出了大量精彩曲目，如《马前泼水》《回杯记》《包公断后》

手绢花是二人转艺术的
一绝

《双比武》《冯奎卖妻》《水漫蓝桥》等，这些
作品深受广大人民群众的喜爱，久演不衰。

（三）辽宁评剧

评剧起源于河北东部的莲花落子，后发
展成"唐山落子"。宣统元年，评剧奠基人成
兆才带着自己办的庆春班来到奉天，在全盛
茶园一连演了三个多月，成兆才对辽宁的"蹦
蹦"一旦一丑的歌舞形式进行改革，吸收了京、
梆表演的精华，变成多人演出的人物戏，发
展了"唐山落子"。1919年，沈阳遭水灾，军
阀张作霖把在哈尔滨演出的警世戏社请到沈

唢呐表演

阳，为救灾义演一个月。进入20年代后，直隶当局限制落子演出，而张作霖支持落子演出，因此一些有影响的落子班社都来到沈阳，使"唐山落子"在沈阳地区迅速发展。1928年后，辽宁地区的落子艺人把东北小调等民间说唱艺术的精华吸收到自己的唱腔和表演里，形成了具有地方风味的、新的艺术风格的"奉天落子"。它不同于京、津落子那样细腻、舒缓，而以泼辣粗犷、热情奔放、节奏明快，凭一气贯通的大段唱取胜，所以又称"大口落子"。"奉天落子"早期的代表人物是被称为"评剧皇后"的李金顺，她与郭子元组成元顺社，在哈尔滨、沈阳等地演出，唱腔清

评剧剧照

新悦耳，声情并茂，别具风格。当时的主要女演员李金顺、筱桂花、刘翠霞、芙蓉花被观众誉为评剧的"四大名旦"。

"九·一八"事变后，评剧受到摧残，艺人为生活勉强维持演出。在辽宁解放前夕，沈阳、大连等大城市只剩下几个主要班社在演出。中华人民共和国成立后，在省文化部门领导下，评剧演出团体渐趋正规，评剧事业日益发展繁荣。

朝鲜族长鼓舞

（四）朝鲜族舞蹈

朝鲜族的歌舞具有一种特殊的艺术魅力，特别是女性的舞姿，轻柔雅致，一举手一投足，都有一种飘飘欲仙的感觉，动静结合、松弛自如、潇洒流畅、仪态万方。"鹤步""鹤飞翔"等是朝鲜族常见的舞蹈形象，朝鲜族歌舞的感染力极强，只要有一人起舞，大家便会不知不觉地跟着舞起来。曾有朝鲜族的专家描述自己民族的舞蹈为仙鹤式的步调和杨柳式的身条，这一概括是非常准确而精道的。

朝鲜族民间歌舞的内容大多是表现爱情，如《阿里郎》就属于这一类型。所讲的是一对夫妻恩恩爱爱，突然来了侵略者，丈夫要去出征。临别时，夫妻俩难舍难离。丈夫走

顶水舞是朝鲜族的传统舞蹈

后，妻子天天站在十字路口，遥望着远山那弯弯的小路，盼望着丈夫快些归来。三年后，丈夫回来了，看到有钱人家的子弟正在调戏妻子，丈夫不知内情，伤心地走了，妻子望着丈夫的背影，挥刀自尽了。人们可怜死去的姑娘，他们唱歌哀悼她。歌里有女人被委屈和误解的怨恨，有对丈夫发自心底的思念，歌声真切、动人，甚为苦楚、深沉。朝鲜族歌舞的基调是情，是爱情，是一种民族情，所以最能感染本民族，也能打动其他民族，因为这是发自他们心底的心声。歌舞在朝鲜族人的生活之中，如阳光一样时刻不可离开。

朝鲜族以种植水稻为生，所以其民间舞蹈也具有农耕劳作的特征，农乐舞是朝鲜族最具农耕生活特征的传统民间舞蹈，流传于吉林、辽宁、黑龙江等地区。此种舞蹈历史悠久，大致可分两种：一种主要以乐队表演为主，乐器有箫、锣、长鼓、圆鼓、唢呐、笛子六种；另一种则是以技巧为主，突出舞蹈的表现力。舞蹈的内容有：小鼓舞，以"吸

朝鲜族洞箫表演

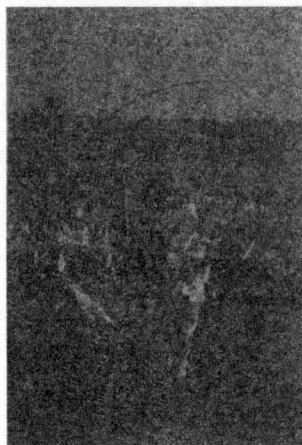
朝鲜族象帽舞

腿冲跳"为基本动作,舞蹈灵巧、勇猛;象帽舞,以舞动象帽上的飘带为主,有的舞者能甩动长约二十米的飘带,使其在空中划圈,技艺十分高超。

假面舞是具有戏剧冲突的男性舞蹈,流传于吉林延边地区,也是朝鲜族特有的舞蹈。除戴假面之外,还包括身穿各种假服跳的假面舞,如鹤舞、狮子舞等,朝鲜族传统的假面舞种类繁多,流传至今的有凤山假面舞中的八目僧舞、社堂舞、老丈舞、放荡婆舞、小女舞等。这些民间流行的假面舞多把唱诵、对话、舞蹈融为一体,并分场次表演一些风趣幽默的讽刺故事。现在的表演为单人舞,舞者着"墨僧"服装,腰后插桃枝,戴硬纸绘成的"墨僧"单面面具,面具造型夸张,顶端缀以红、黄、白三色穗子,俯仰头部时,穗子可遮住面部以增强艺术效果。表演中有"亮面""转面""抖面""仰面""摆面"等不同的面具造型以及"甩袖""划袖""绕袖"等动作。

(五)满族莽式歌舞

满族在历史上也是个能歌善舞的民族。满族祖先靺鞨人,靺鞨后裔女真人有这样的习俗:女子成年后,歌唱自己的身世、姿色、技

能，以寻找伴侣。到努尔哈赤兴起后，也继承了满族能歌善舞的传统。每逢佳节、喜庆、婚嫁筵、出征、凯旋、祝寿、祭祀等都要歌舞尽兴，其中"莽势舞"最具代表性。这种民间舞多在新岁和喜庆之日跳，举一袖于额，反一袖于背，盘旋作势，成双对舞，旁人拍手而歌，以击堂鼓伴奏。莽势舞进入宫廷后，由自娱性舞蹈变成表演性的庆典舞，改名为"庆隆舞"，场面壮观，规模宏大。往往司琵琶、三弦、奚琴、筝等乐器的就有 60 多人，伴唱的 13 人，舞蹈者 58 人。服饰亦有严格规定，伴奏的穿石青金寿字袍豹皮褂，伴唱的穿蟒袍豹皮褂，舞蹈者穿黄画皮套、黑羊皮套、

满族宫廷服饰

剪纸是关东民间普及的传统艺术

朝服等。这种舞多由满族狩猎和戎马生涯演变而来。此外民间还有"野人舞""童子舞""秧歌舞""萨满舞"等。

（六）剪纸

新春临福之际，塞北朝阳的农村，家家户户开始忙碌起来，淘米磨面、煮肉蒸糕、杀猪宰羊，老少皆喜。不出几天，红红绿绿的剪纸也进入了人们的生活，不仅过年时才有，每逢传统节令或婚丧喜庆的场合，都要剪些剪纸，贴到各处作为点缀装饰。剪纸是中国最普及的民间传统装饰艺术之一，有着悠久的历史，因其材料易得、成本低廉、效

剪纸作品

果立见、适应面广，样式千姿百态，形象普遍生动而受欢迎。这些剪纸多半出于妇女之手，旧时的农家妇女，对于剪纸跟女工一样，常因心灵手巧、剪纸精道而倍受婆家青睐。由于剪纸操作简便，应用广泛，又与民间生活习俗密切相关，因而世代承传，至今不衰。

全国各地都能见到剪纸，甚至形成了不同的地方风格流派，剪纸不仅表现了群众的审美爱好，还含蕴着民族的社会深层心理。民间剪纸取材于民间，剪纸的主要内容是山水花鸟、禽兽鱼虫、古今人物和生活场景。然而，妇女们并不满足于一般的描绘，常为自然之物赋予新的生命，故往往寓物寄情或取谐音代表一定含意，借自然之物表达自己对美好事物的赞誉、对幸福生活的憧憬。如常见的"梅兰竹菊"，被喻为理想人格的寄托；"鸡"自古被看做是文武勇仁信即五徽之禽，鸡冠与官同音，被视为官禄；"雄鸡啄蝎"又被认为是避邪驱灾之意；"鸳鸯卧莲"是甜蜜爱情和美满婚姻的表征；"连年有余""喜上眉梢"即用其谐音表达对幸福生活的美好愿望；"鲤跳龙门"则代表了对人生前途的祈求。此外，还有民间传说和戏剧人物等。中国民间剪纸手工艺术，犹如一株常春藤，古老而

长青，它特有的普及性、实用性、审美性成
了符合民众心理需要的象征意义。

（七）皮影戏

皮影，又名"灯影"，辽宁皮影最盛行、
最普及的时期是民国年间，全省大部分县城
均有皮影戏，其中岫岩、盖县、康平、海城、
凌源、朝阳等县更为普遍。每个影班一般由
7-9 人组成，他们都是农民出身的半农半艺者。
演出内容大都是神话及历史故事，经常上演
的有《杨家将》《大隋唐》《封神榜》《群仙阵》
等四五十个剧目。皮影的演出中需要用到影
台，影台是可以拆开、可以拼合的方形小板房，
长宽各五六尺，上用苫布遮盖；盖上有天窗，

皮影是中国古老的民间艺术

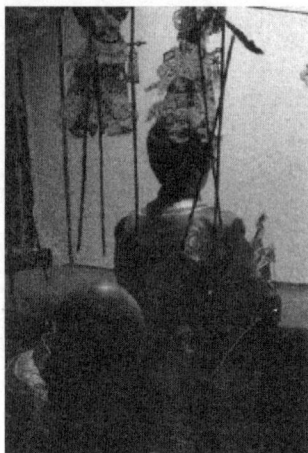
皮影戏后台

以便通空气、放灯烟；左、右、后三面全是板墙，上半部空着，演唱时悬纸屏，俗称影窗子，棚上悬多芯油灯做为光源，影台要用土坯等物垫起，距地二三尺高。影卷即脚本，全台共用一本，演唱时放在"拿人的"面前案上，操纵影人者叫"拿人的"，"拿人的"坐在影窗子里面的案前，操纵影人做出各种动作，伴奏、配唱者坐在他的后面，伴奏配唱。

皮影的脸谱、身谱、大彩和小彩的制作，都是在刮薄的驴皮上进行雕刻并施以彩绘。唱影时，在观众前面立一块屏幕，在屏幕后面点亮影灯，灯光照在紧帖屏幕的影人和场景上，再配以锣鼓弦乐和词调，达到唱影效果。拼杀打斗，艺人操纵与影人相连的手条可以使影人完成丰富的动作。脸谱是驴皮影的核心部分，主要由王帽纱帽谱、反王札巾谱、文武生花脸谱、神头妖精谱、文武花旦谱和帅盔札巾谱六大谱系组成。每一个戏班都持有三百多种脸谱。驴皮影脸谱具有明确的传统风格，观众可以按脸谱形象变化辨别剧中人物的官位和忠良善恶，是可与京剧脸谱相媲美的独成体系的民俗艺术。

四、关东的旅游文化

沈阳故宫一景

（一）辽宁五大旅游城市——沈阳

沈阳是闻名遐迩的历史文化名城。因地处古沈水之北而得名。沈阳地区蕴育了辽河流域的早期文化，是中华民族的发祥地之一。早在7200年前的新石器时代就有人类在此繁衍生息。沈阳建城已2300余年，素有"一朝发祥地，两代帝王都"之称。沈阳共有三处世界文化遗产保护单位。

1. 沈阳故宫

始建于1625年，是清朝入关前清太祖努尔哈赤、清太宗皇太极建造的皇宫，又称盛京皇宫。清世祖福临在此即位称帝。沈阳故

沈阳故宫崇政殿

宫是国家重点文物保护单位，北京、沈阳两座故宫构成了中国仅存的两大完整的明清皇宫建筑群。2004年7月1日，沈阳故宫作为明清皇宫文化遗产列入《世界遗产名录》，它以独特的历史、地理条件和浓郁的满族特色而迥异于北京故宫。沈阳故宫博物院不仅是古代宫殿建筑群，还以丰富的珍贵收藏而著称于海内外，故宫内陈列了大量旧皇宫遗留下来的宫廷文物。

故宫占地六万多平方米，有各式建筑九十多座三百多间，具有鲜明的满族特色，在全国现存的宫殿建筑群中，其历史价值和艺术价值仅次于北京故宫。沈阳故宫的建筑布局可分为

沈阳故宫凤凰楼

东、中、西三路。中路建筑以崇政殿为主体，南起大清门，北止清宁宫。崇政殿又称正殿，是清太宗皇太极日常处理军政要务、接见外国使臣和边疆少数民族代表的地方。殿为五间出廊硬山式，前后有出廊，周围石雕栏杆，望柱下有吐水螭首，屋顶铺黄琉璃瓦，镶绿剪边。殿内彻上明造，饰以彩绘，内设贴金雕龙扇面大屏风和宝座，两侧有熏炉、香亭、烛台。殿前有大月台，东设日晷，西有嘉量亭。

高台正南是凤凰楼，原名翔凤楼，是皇太极的御书房，也是当时沈阳城内最高的建筑。"凤楼晓日"被誉为沈阳八景之一。正北面是清宁宫，这是皇太极与皇后博尔济吉特氏的寝宫。清宁宫的两侧有东西配宫。东配宫有关雎宫、永福宫，西配宫有麟趾宫、衍庆宫。永福宫是顺治帝福临的生母——才智过人的庄妃的寝宫。在崇政殿和高台两侧各有一组建筑，东侧的建筑主要有：颐和殿、介祉宫、敬典阁；西侧的建筑主要有：迪光殿、保极宫、继思斋、崇谟阁。

东路建筑以大政殿为主体，两侧辅以"十王亭"。大政殿原名笃恭殿，重檐八角攒尖式，八面出廊，均为"斧头眼"式隔扇门。下面是一个高约 1.5 米的须弥座台基，绕以雕刻细

沈阳故宫大政殿

致的荷花净瓶石栏杆。殿顶铺黄琉璃瓦镶绿剪
边，正中相轮火焰珠顶。殿内有精致的斗拱、
藻井和天花，殿前的文溯阁是西路建筑的主体，
辅助建筑有仰熙斋、嘉荫堂。文溯阁建于1782
年，是专为贮存《四库全书》所建成的全国七

沈阳故宫大政殿一景

阁之一, 内立乾隆撰写的《御制文溯阁记》石碑,
记录了文溯阁修建的经过和《四库全书》的收
藏情况。沈阳故宫以其独特的建筑风格和丰富
的馆藏吸引了大批国内外游人。沈阳故宫1961
年被列入第一批全国重点文物保护单位。

2. 沈阳永陵

"三陵"之一的清永陵，这个国内最小的皇陵近年来越来越多地引起了人们的关注，它那不同于其他皇陵的"奇异"之处，也逐渐被人们所发现。龙的形象历来是腾云驾雾、威风凛凛，但永陵碑亭角柱上却刻着似龙似犬的龙纹，远看就像两条坐在地上看守大门的狗。满族人民对猎犬有深厚的感情，满族是女真人的后裔，在清军进关前是以游猎为主的民族，猎犬在其生活中占有重要地位。根据满族传说，在一次明军追杀努尔哈赤的危险时刻，是一只猎犬舍命相救，努尔哈赤才转危为安。把龙雕刻成狗的姿态不仅体现

沈阳永陵

了满族祖先的特殊信仰，它的另一个重要含义是，清朝初年的统治者希望龙能像忠实的猎犬一样保佑大清王朝稳坐江山。

永陵的正殿——启运殿，雕着汉字"日""月"二字，这种建筑装饰在古代皇陵中很少见。一是象征满族的祖先是"肩挑日月的神人"；另一个在当地流传较广的说法是"破明"。据当地的老人讲，永陵在顺治十年才开始扩建，而此时清军刚进关不久，把"明"字拆开分别固定在殿的两端，表示"日月不能到一起，就不能复明"，有渴望天下安定的含义。

古代帝王自称"寡人"，死后更要一人独居，

永陵两侧的华表

偏偏在永陵却出现了君臣共陵的现象。永陵是努尔哈赤于明万历二十六年为六世祖猛特穆和曾祖福满所建。清顺治十五年，顺治皇帝下令将葬在辽阳东京陵的努尔哈赤祖父觉昌安和父亲塔克世及其后妃迁回永陵，同时迁回的还有努尔哈赤的伯父和叔父。顺治五年，追尊六世祖、曾祖、祖父和父亲为皇帝，同时追尊努尔哈赤的伯父为郡王，追尊叔父为贝勒。四位祖宗被追尊为皇帝，伯父叔父被追尊为王爷贝勒，却安葬在同一陵寝内，虽然血脉相承，但在"君为臣纲"的封建时代，这种君臣共陵的现象也是极为罕见的。这种现象恰恰反映了清朝初年清皇族还没有完全被汉族的儒家等级思想所"汉化"，对研究满汉民族融合的"时间表"有一定意义。

3. 沈阳北陵（昭陵）

昭陵为清太宗皇太极及其皇后博尔济吉特氏的陵寝，因坐落在沈阳市北端，故又称北陵。昭陵与福陵、永陵齐名，合称"关外三陵"。

昭陵是清入关前"关外三陵"中规模最大的一座，占地面积450万平方米，构成北陵公园的主体部分。北陵公园东南部有东湖、青年湖，西南部有芳秀园，北部树木幽静、鸟语花香。全园林木葱郁，古松参天。

墓主皇太极是努尔哈赤的第八子。努尔哈

沈阳北陵又称昭陵

赤死后，皇太极即位为金主，称皇帝。皇太极在位期间，积极推行汉化政策，不仅仿照明制设立"六部"官衙，而且组织人力翻译汉文典籍，他与其父努尔哈赤一样，对满族初期发展作出了杰出贡献。

昭陵始建于清崇德八年，竣工于顺治八年，后经康熙、嘉庆二帝增建，才成今日规模。昭陵不依山傍水，而是直接建在平地上，四周护以缭墙，极似一座小城。全陵占地18万平方米，共分三大部分，由南至北依次为：前部，从下马碑到正红门；中部，从正红门到隆恩门；后部，从隆恩门到宝顶。主体建

昭陵的墓主皇太极像

筑都建在中轴线上，由南至北依次为：神桥、
牌楼、正红门、碑亭、隆恩门、隆恩殿、明楼、
宝顶。两侧呈对称布局，建有辅助建筑。

　　游昭陵时，先游前部。前部在缭墙外，
参道两侧有华表、石狮、更衣亭等，而正中
是牌楼。牌楼是前部主体建筑，系青石建成，
四柱三层，雕刻得玲珑剔透，精美无双，为
罕见的艺术珍品。参观罢牌楼，即可至正红门，
这是游中部的开始。正红门为缭墙的正南门，
层楼高耸，十分庄严，而其两翼所装饰的五
色琉璃蟠龙壁，因造型生动，更引人注目。
正红门内的参道两旁，有华表、石兽和大望柱，

沈阳昭陵牌楼

昭陵一景

它们两两相对，既整饬又肃穆。石兽中最值得欣赏的是"大白"和"小白"。这两匹石马，形象逼真，栩栩如生，据说是以墓主生前最爱骑的两匹骏马为原型雕琢而成。出碑亭即至隆恩门。隆恩门是方城的正南门，与碑亭相对，方城为后部，它建造得如同城池一般，位于缭墙内，仿佛是城中之城。游方城，先要游隆恩殿。隆恩殿居于方城中心，前有隆

远观昭陵隆恩殿

恩门，后有明楼，左右有配殿，四隅有角楼，犹如众星拱月一般，故显得异常雄伟。隆恩殿以雕刻精美的花岗岩台阶为底座，以光闪闪的黄琉璃瓦为屋顶，再加上画栋雕梁、金匾红墙，故又显得异常华丽。参观完隆恩殿，经过明楼，即可至宝城。宝城在方城北端，为月牙形。宝城内称宝顶，其下即地宫，安置着墓主夫妇的棺椁和陪葬品。登上宝顶，向四下一望，绿树

沈阳东陵

环合，景色清幽，宛若置身于城市山林中，一种恬适之感油然而生。

4. 沈阳东陵（福陵）

福陵是清太祖努尔哈赤及其皇后叶赫那拉氏的陵墓，占地500余公顷，始建于1629年，1651年基本建成。福陵是沈阳名胜古迹之一，具有我国古代建筑艺术的传统和满族文化风格。

陵园坐北朝南，四周围以红墙，南面中央为单檐歇山式正红门三楹，拱门三道。门内参道两侧成对排列着石狮、石马、石驼、石虎等石雕。平地尽头，利用天然山势修筑了一百零八蹬石阶，以象征三十六天罡和七十二地煞。过了石桥，正中为碑楼，重檐歇山式，四面券门，下为须弥座式台基，内立清圣祖玄烨亲撰的"大清福陵神功圣德碑"，碑文用满、汉两种文字书刻，记载着努尔哈赤的功绩。再北的城堡式建筑叫方城，四角建有角楼。方城南面正中建有隆恩门，门楣上用汉、满、蒙三种文字刻成"隆恩门"三字。进门迎面为隆恩殿，是祭祀用的享殿，殿后洞门之上设明楼，内立"太祖高皇帝之陵"石碑。方城后为圆形宝城，两城间呈月牙状，因而也叫月牙城。宝城正中有一突起的宝顶，

下为埋置灵柩的地宫。福陵建筑群是劳动人民血汗和智慧的结晶，它将我国传统建筑形式与满族建筑形式融为一体，形成了异于关内各陵的独特风格。

（二）辽宁五大旅游城市——葫芦岛

葫芦岛市是辽宁省下辖的一个省辖市，1989 年经国务院批准成立地级市，原名锦西市。1994 年更名为葫芦岛市，是辽宁省最年轻的城市。东邻锦州，西接山海关，南临渤

葫芦岛市是辽宁省最年轻的城市

望海寺

海辽东湾，与大连、营口、锦州、秦皇岛、
天津、青岛等城市构成了环渤海经济圈；扼
关内外之咽喉，是中国东北的西大门，为山
海关外第一个地级市，特殊的地理位置使葫
芦岛与北京、天津、北戴河、秦皇岛、兴城
构成了一条黄金旅游带，被一些著名学者命
名为"北京的后花园"。

葫芦岛市被称为"北京的后花园"

葫芦岛市设县治始于清光绪三十二年（1906 年），始称江家屯抚民厅治所置于江家屯，后于大同元年（1932 年）迁至连山。从市境发掘的文物、遗址、遗物证实：远在数万年前就有人类在这里劳动、繁衍、生息。1982 年 5 月在境内南票区暖池塘镇北一带出土的恐龙化石鉴别证明，距今已有一亿五千年历史。1921 年 6 月瑞典地质学家特生博士对境内南票区沙锅屯二里媳妇山东坡天然洞穴中发掘的人骨、石器、骨器、彩陶片进行鉴别，认为遗物为距今七千年以前新石器晚期的人类遗物。其中红胎黑彩陶

仰韶文化彩陶

皿与河南仰韶村出土的彩陶同属于一种文
化类型，而长颈瓶陶片又与甘肃出土的同
类同期文物相同。绥中县绥中镇龙王山和
区寺儿堡镇北出土的古墓等，都证明本境
属"红山文化"，是古代南下辽西的一种文
化类型，是古代人群部落沿北向南延伸的
整体。

（三）辽宁五大旅游城市——丹东

　　丹东位于辽宁省东南部的鸭绿江畔，南临黄海，毗邻大连，西接鞍山，北连本溪，东部与朝鲜半岛陆路相通，是一个以轻纺、电子、港口、贸易、旅游为主要特色的边境城市。丹东下辖两市一县三区，即东港市、凤城市和宽甸满族自治县及振兴区、元宝区、振安区，全市总面积 14910 平方公里，其中市区面积 563 平方公里。人口 240 万,居住着汉、满、蒙、回、朝鲜等 29 个民族，其中满族人口占全市总人口的 32%。丹东地处东北亚中心，居于中国黄海、渤海两个经济圈的交汇点，是中国最北方的重要海港；丹东气候宜人，冬无严寒，夏无酷暑，是东北地区最温暖湿润的地方；丹东具有地理位置、自然资源、工农业经济、基础设施、旅游资源等多方面的优势，有利于经济发展，便于国内外客商前来投资合作、兴办企业，也是理想的长久居住之所。丹东具有丰富的自然资源，经济开发潜力很大。地下蕴藏有金、银、铅、锌、铁、硼、煤、大理石、红柱石、高岭土等有开采价值的矿藏达 56 种，著名的丹东绿大理石，被东南亚客商誉为"理石之冠"。丹东河流、水库众多，水资源丰富，水质优良，

丹东市区风景

鸭绿江畔

丹东还盛产人参和柞蚕、板栗、山楂、草莓、杏梅、猕猴桃、绒山羊、林蛙等农林土特产品，其中宽甸县的柱参被誉为"园参之冠"。

鸭绿江古称坝水，唐朝始称鸭绿江，因其水色青绿、恰如鸭头而得名。鸭绿江发源于吉林省长白山南麓，流经长白、集安、宽甸、丹东等地，向南注入黄海，全长795公里，是中朝两国的界河。鸭绿江风景名胜区由六大景区100多个景点组成，鸭绿江风景区位于鸭绿江中下游，与朝鲜碧潼、清水、义州、新义州隔江相望，江水蜿蜒舒缓，两岸峭壁嶙峋，林木郁郁葱葱，形成了绚丽多彩的自然景观，有浩瀚秀美的水丰湖、雄峙江畔的虎山长城、弹痕累累的鸭绿江大桥、我国1.8万公里的海岸线最北端的江海分界线和古人类洞穴遗址、原始村落遗址和现代园林建筑等，构成了丰富的自然景观和人文景观。

虎山位于丹东市城东十五公里的鸭绿江畔，是国家级鸭绿江风景名胜区的一个重要景区，与朝鲜的于赤岛和古城义洲隔江相望。

虎山原名马耳山，因两个并排高耸的山峰，状似两只竖立的虎耳，亦称虎耳山，至清代演化为今日的虎山。虎山突起于鸭绿江边，平地孤耸，视野开阔，对岸朝鲜的田地、房屋一览无余。虎山面积4平方公里，主峰高146.3米。峰顶是万里长城的第一个烽火台，站在烽火台上环顾四周，朝鲜的义州城、中国的马市沙洲和连接丹东与新义州的鸭绿江大桥清晰可见。虎山环境优美，是早年安东八大名景之一，这里有长城、睡佛、虎口崖等二十八个景点，是丹东城郊绝好的旅游胜地。规划中的虎山绿水萦绕，山上长城起伏，环山湖游艇穿梭直通鸭绿江，绿树山花与湖水相映，风景如面。这里将建设民俗村、边贸市场、长城博物馆、美食街等。经国家批准正在修复的虎山长城已竣工730多延长米。

丹东虎山风光

丹东虎山长城风光

不久沿江游览路将直通虎山景区，从市区到虎山只需十几分钟就能到达。未来的虎山将是集游览、娱乐、度假、科研于一体的深受游客青睐的旅游区。

（四）辽宁五大旅游城市——大连

大连依山傍海，气候宜人，环境优美，夏无酷暑，冬无严寒，是中国著名的避暑胜地和旅游热点城市。大连作为中国首批"优秀旅游城市"，不仅有丰富的中国近代人文历史旅游资源，还有许多风景奇秀的自然旅游资源。南部沿海风景区、旅顺口风景区、金石滩风景区和冰峪风景区是大连四大名胜风

大连是中国著名的避暑胜地和旅游城市

景区。一年一度的大连国际服装节、烟花爆竹迎春会、赏槐会、国际马拉松赛等大型活动，融经济、文化、旅游为一体，享誉海内外，给城市发展带来了无限商机和活力。

100 年前，一批对法国文化情有独钟的沙俄工程师揣着巴黎的城建图纸来到这里，希望在这片土地上再造一个"东方巴黎"。由此形成了大连的一大特色——以广场为中心，街道向四面八方辐射。大连的广场特别多，不大的一块地方，只要有四面辐射的街道，就称之为广场。全城有 80 多个广场，大连不仅广场最多，广场文化也同样丰富多彩，绿地、白鸽、雕塑、

大连星海广场一景

大连广场喷泉

喷泉自不用说，还有全国独一无二的女骑警和圆舞曲。

由于大连重视基础城市建设、美化环境和环境保护工作，先后荣获联合国授予的"人居奖"、环境"全球500佳"城市和全国绿化先进城市、全国环境综合整治十佳城市、国家卫生城市、国家级园林城市、国家环保模范城等荣誉称号，获国家建设部"中国人居环境奖"，被联合国确定为亚太地区环境治理先导城市，被授予"国际生态安全最佳城市"称号。目前城市绿化覆盖率达42%。大连旅游的旺季从每年5月下旬的赏槐会和出口商品交易会开始，一直到9月上旬的国际服装节结束。这期间，大连几乎被游人趟平了。9月过后的大半年里，海水凉了，人潮散了，而大连的美丽并没有随天气和人气而淡去。游人走了，游鱼便回来了，九、十月份是海边垂钓的佳期。再冷一点，冰峪沟的冰灯会开了，或到金石滩的狩猎场去狩猎，也不失为淡季游大连的余兴节目。

（五）辽宁五大旅游城市之一——鞍山

1. 千山

千山，又名千朵莲花山，位于鞍山市东

鞍山千山风光

千山天然巨型弥勒大佛

南18公里处，占地面积44平方公里，是全
国重点风景名胜区。远在隋唐时期，千山就
有寺庙建筑；清代中期，道教传入千山，相
继建成了"五宫""八观""五大禅林""十二
茅庵"等38处不同风格的庙宇和大量的碑、塔、
亭、阁。千山有景点300余处，按自然地形
分为北部、中部、西部和南部4个景区。北
部景点主要有无量观、龙泉寺、南泉庵、五
佛顶和小黄山；中部景点主要有中会寺、五
龙宫；西部主要景点有太和宫、斗姆宫；南
部景点主要有香岩寺、仙人台。在千山北部
绣莲台景区内，一尊天然形成的巨型弥勒大
佛威严正坐山巅。大佛身高70米、肩宽50米、

头高 10 米，形象逼真、栩栩如生，是千山一大奇观。

2. 鞍山玉佛苑

玉佛苑风景区，位于辽宁省鞍山市市区东部。它占地四万平方米，三面环山，一面临水，背倚风光秀丽的东山风景区，与天然弥勒大佛遥相呼应，是当代中国旅游史上的一大奇观。风景区由玉佛阁、玉带桥、三洞式山门、荷花池、花果岛等各具特色、风格迥异的建筑组成，互相映衬，相得益彰。三块御路雕有九条龙，含有"九龙捧圣"之意。

玉在中华的珍贵犹如金子在西方的地位，是神奇和极具象征的自然之宝。世界上最大的玉石王在 1960 年发现于玉乡岫岩，高 7.95 米，宽 6.88 米，厚 4.1 米，总重为 260.76 吨，集深绿、浅绿、绿、黄、白、黑、蓝为一体，色彩斑斓、色泽明丽，堪称稀世珍宝。1996 年，鞍山玉佛苑这一气势雄伟的建筑群连同人们翘首以待的世界最大玉佛，经过八十多名能工巧匠历时两年零六个月的精雕细刻，终于揭开神秘的面纱，向世人展示其迷人的风采，以博大的胸襟迎接海内外宾朋的光临。"玉石王"的正面为端庄肃穆的巨型释迦牟尼法相，脸部正好被刻在了一块灵光四射、洁净无比

鞍山玉佛苑

的深黑绿色宝玉上，人们称为"佛面天成"。"玉石王"的北面，雕刻着观世音飘飘而下，展现其救渡众生的绝代风采。观世音的脸部也正好被刻在一块无比亮丽的浅绿色的碧玉上，鲜润明澈，细腻柔和，蕴含着无比的神韵。观世音的后方显示出了普陀山的景象，在观世音的右侧自然形成了栩栩如生的"龙凤"图形，左侧呈绿色的玉地上有黄玉纹形成的巨大的"真"字，这一切并不是有意雕刻，而是自身存在。这一景观的出现，已成为世界玉文化和雕刻史上的一大奇迹。玉佛落座在于佛阁内，玉佛阁高 33 米，宽 66 米，进深 8 米，飞瓦斗拱，雕梁画栋，金碧辉煌，7.2 米

鞍山玉佛苑一景

高的 18 根汉白玉蟠龙柱顶天立地，气势沉雄。由双面浮雕汉白玉雕花栏板，栏杆柱头有 392 个形态各异、栩栩如生的汉白玉石狮围成的三洞式山门是集天安门和万博城大门之精华，创造了园林和古今建筑史上的一大奇观。面对鞍山市区，背靠千山龙泉寺的玉佛苑，与千山天然弥勒大佛相呼应，已成为当代旅游史上的一大奇观。玉佛苑风景区自建成以来，每年接待旅游者达 60 余万人次。党和国家的多位领导人曾先后前来视察，对玉佛的巧夺天工赞叹不已。

中国最后一位皇帝——簿仪

（六）长春伪满遗迹

1932 年 2 月，日本侵略者在沈阳召开"东北行政委员会"，通过满州国建国方案，决定成立满州国政府，以溥仪为"执政"，定都长春，改为新京。并在新京建起了伪满国务院及所属八个部，即伪满治安部、伪满司法部、伪满经济部、伪满交通部、伪满兴农部、伪满文教部、伪满外交部、伪满民生部，统称"八大部"。

3 月 9 日，溥仪就任执政，年号"大同"，正式开始了他在日本帝国主义羽翼下奴役东北人民的可耻政治生涯。

长春一景

位于光复路的伪皇宫，是溥仪日常生活及政治活动的场所，由勤民楼、辑熙楼、同德殿等一组中国古典式、欧式、日本式建筑及其附属设施组合而成。宫内展有溥仪及众妃们的腊像，偏殿有日本侵华及溥仪从皇帝到平民的一系列图片展。

"八大部"位于长春市中心，1936 年间基本建成，唯有溥仪的"新皇宫"只完成地下部分，而金碧辉煌的宫殿，是解放初完工的。宫殿华丽中透着古朴，翠绿色琉璃瓦的宫顶，高大的六根红柱，使整个宫殿庄严雄伟。宫殿占地 31.2 公顷。殿前的广场已改建为文化广场，是人们观光休闲的理想场所，那绿色的草坪、白色的广场鸽以及壮美的雕塑太阳鸟，每天都吸引着大批游人。站在宫殿的中轴线上向南望去，一条宽阔笔直的大街直插南湖公园，宽约 60 米，两侧是高高的杨树，中线花坛是松、柏、丁香树带，通街像一条绿色长廊。"八大部"办公楼就坐落在沿街两侧。

伪满综合法衙（今中国人民解放军 461 医院），邻近南湖公园，占地面积 10 万余平方米，正中塔式楼顶，嵌以紫红色的琉璃瓦，外墙用咖啡色砖贴面，设计新颖独特，外表

长春文化广场一景

长春一景

关东文化

呈圆角曲线形。它是伪满洲国的最高司法机关，是日本帝国主义和伪满傀儡政权统治镇压中国人民的主要工具之一，楼内设有刑讯室和绞人机等十种刑具，无数中华优秀儿女，在此惨遭无辜杀害。

八大部建筑各具特色，绝无雷同。其间各有院落，皆掩映在绿涛之中，错落有致的高大楼房，典雅幽静的庭院，集中西方建筑风格于一体，这里的街心带状花园与和谐的建筑，把长带形风景区装扮得格外俊美。

（七）吉林雾凇

隆冬时节，当北国大地万木萧条的时候，

北国雾凇

吉林雾凇仪态万方、独具丰韵

走进东北的吉林市，你却会看到一道神奇而美丽的风景。沿着松花江的堤岸望去，松柳凝霜挂雪、戴玉披银，如朵朵白银、排排雪浪，十分壮观，这就是被人们称为"雾凇"的奇观。吉林雾凇以其"冬天里的春天"般诗情画意的美，同桂林山水、云南石林、长江三峡一起被誉为中国四大自然奇观。雾凇俗称"树挂"，是在有雾的寒冷天气里，雾滴冻结附着在草木和其他物体迎风面的疏松冻结层，是大自然中较为常见的现象，在中国和世界的许多地方都能看到它的身影，但偏偏吉林市的雾凇一枝独秀。

雾凇乃中国四大奇观之一

吉林雾凇仪态万方、独具丰韵的奇观，让络绎不绝的中外游客赞不绝口。每当雾凇来临，吉林市松花江岸十里长堤"忽如一夜春风来，千树万树梨花开"，柳树结银花，松树绽银菊，把人们带进如诗如画的仙境。

雾凇是其学名，现代人对这一自然景观有许多更为形象的叫法：因为它美丽皎洁，晶莹闪烁，像盎然怒放的花儿，被称为"冰花"；因为它在凛冽寒流袭卷大地、万物失去生机之时，像高山上的雪莲，凌霜傲雪，在斗寒中盛开，韵味浓郁，被称为"傲霜花"；因为它是大自然赋予人类的精美艺术品，好似"琼

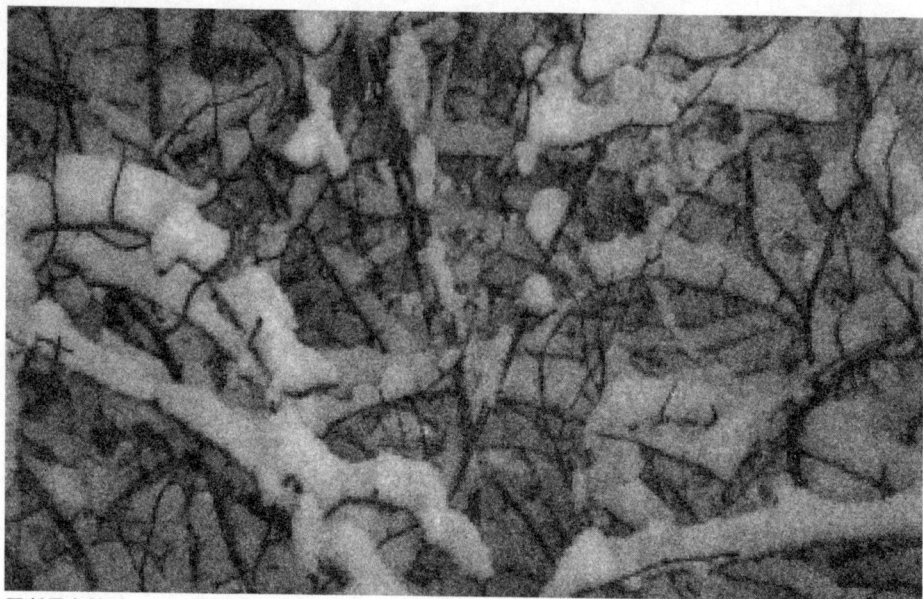
雾凇是自然赋予人类的精美艺术品

楼玉宇",寓意深邃,为人类带来美意延年的美好情愫,被称为"琼花";因为它像气势磅礴的落雪挂满枝头,把神州点缀得繁花似锦,景观壮丽迷人,成为北国风光之最,激起各界文人骚客的雅兴,吟诗绘画,抒发情怀,被称为"雪柳"。雾凇来时"忽如一夜春风来,千树万树梨花开",雾凇去时"无可奈何花落去,似曾相识燕归来",真正的说来就来,说走就走,一派天地使者的凛凛之气。

(八)长白山

"千年积雪万年松,直上人间第一峰",长白山高 2749 米,为国内群山之冠,也是欧亚大陆东部最高的山峰，与峨眉山、富士山并列为"亚洲三大雪山"。它还是满族的发祥地、朝鲜族的"圣山"。万顷长白雪凇，千般风情雪韵。白雪皑皑的长白山，犹如一位玉洁冰清的仙女亭亭玉立于林海雪原之上。

天池是长白山的第一胜景，不看天池，不算到过长白山。冬日的天池，水结成冰，犹如一面映天宝镜镶嵌在长白山之巅，如莲花瓣环抱着天池的长白十六峰覆盖着洁白的冰雪，天池宁静，群峰伟岸，给人以无言的力量，让人敬畏。长白山是座火山，天池是这座火山的喷火口。

长白山天池

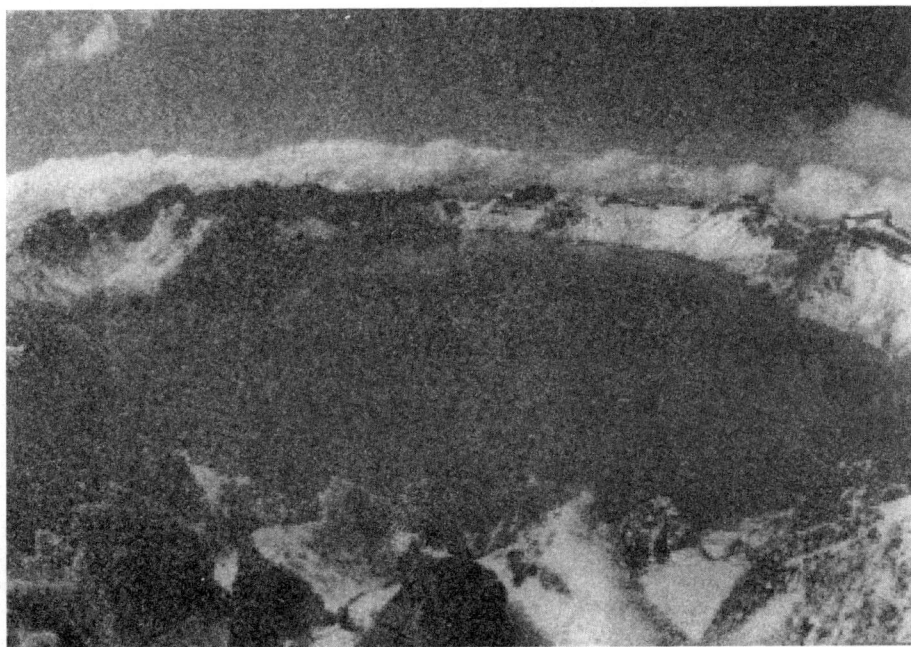

长白山瀑布景观

　　长白山的雾凇也是独具一格的。在天池湖畔、瀑布周围、白河两岸，氤氲缭绕的雾气染白了树木枝叶，染白了山石大地，使满山遍野看上去就像绽开洁白的梅花。长白山雾凇的形成，主要因为这里地处平缓的丘陵高原，小水泡星罗棋布，地下水含量较高，加上位于火山喷发形成的温泉附近，在50℃和零下30℃的温差下，水形成浓雾。每年12月至次年2月，是长白山看雾凇的最好时机。

　　在林海雪原玩累了，泡个温泉澡是再惬意不过的。长白山不少宾馆都设有温泉，室内温泉没什么新鲜的，有意思的是露天温泉。从室内温泉池可以潜水到室外，山石为底，星月作顶，四周皑皑雪山是最好的屏障。在零下30℃的环境下，泡在60℃的温泉里，耳旁是天籁之声，这滋味只有在长白山才能享受到。

（九）五大连池

　　五大连池是北方的一处旅游、疗养胜地，位于黑龙江省德都县境内。五大连池是火山喷发的熔岩流堵塞了白河河道，形成五个串珠般的湖泊而得名。这里是一组休眠的火山群，在五大连池周围分布有14座火山和60多

平方公里的熔岩台地。这组火山群，拔地而起，形态各异，形成了一个别具一格的风景区，人们也称这里为"火山公园"或"自然火山博物馆"。五大连池有两大特色，一是景色奇特，由火山喷发形成的熔岩，有的像一条长龙，有的如象鼻在吸水，有的像一条瀑布，形象逼真。还有一种外观十分好看的"石塔"，高约二三米，这也是火山熔岩层层盘叠而成的，熔岩在地下流动形成的熔岩空洞，也是旅游者感兴趣的地方。二是矿泉资源丰富，这里很多地方都有矿泉水涌出，多为冷矿泉，水温低，含有十几种对人体有益的元素，统称

五大连池一景

为重碳酸矿水。这种矿泉水可饮可浴，能治疗胃病、神经衰弱、皮肤病、高血压等病症。每年端午节，附近的市民要过饮水节，这是当地全年最隆重的节日，市里连续放假三天。端午节这天零点一过，围聚在饮泉旁的人们，便争相从环列的供水管中饮水，每个饮水者的脸上都显现着甜蜜的微笑，人们互相道福。传说，端午节零点的水，是象征吉祥的"神水""圣水"，能治百病，喝到这个时间的水，能免除全年灾难。

五、关东的饮食文化

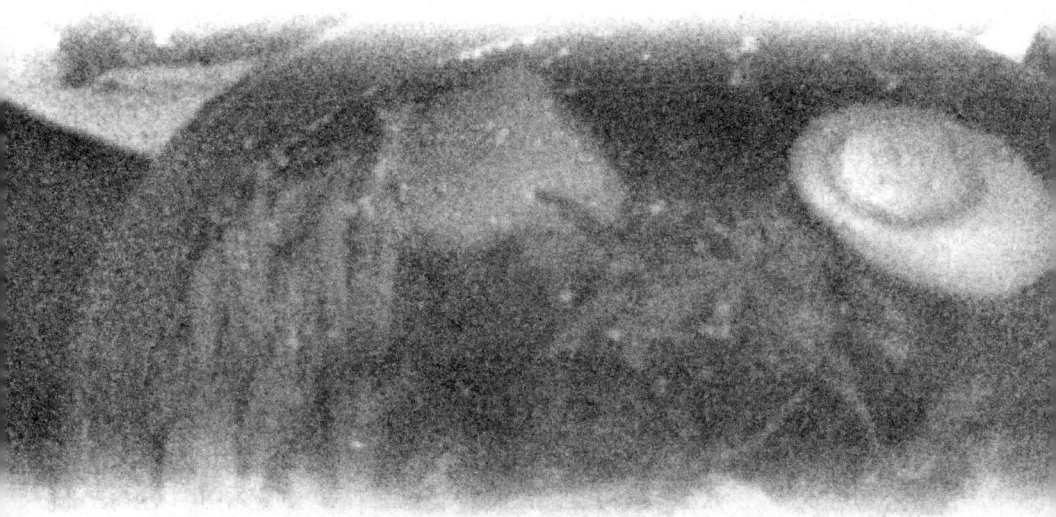

"民以食为天"这句话大家都知道，说到吃，关东人也有自己的口味。东北的饮食也秉承白山黑水的豪阔气概，天上飞的、林子里跑的、水里游的、树上结的、地上种的，举凡可以食用的都逃不过，东北菜也是中国各菜系中最能体现"家常"精髓的菜式。

猪肉炖粉条

（一）猪肉炖粉条

在北方，人们最喜欢吃的就是猪肉炖粉条，这主要是因为北方盛产土豆粉，粉在东北是人们生活不可离开的好吃的食物，特别是用猪肉来炖粉，奇香无比。东北人过年必杀猪，大块大块的猪肉切下来，和粉条一起下锅炖，大火咕嘟一阵后，香气四溢，闻一闻就能幸福得昏过去。盛一碗米饭，把猪肉炖粉条连汤带水放到碗里，因为肉汤在里边起了作用，把滋味儿都炖进粉里边去了，吃上一口，余香无尽。

（二）那家白肉血肠

坐落在沈阳故宫西侧的那家馆，原本主要经营东北地方菜肴，后来由于增添了白肉血肠，使这家饭店声名大振。他家的白肉，须用新宰杀的肥猪五花，以白水加调料，用急火煮沸，移小火汆透，膘肥不腻。血肠须用新宰杀的猪血，加入适量清水和调料用新猪肠灌成，味道鲜浓。白肉血肠蘸以蒜泥、韭菜花酱或辣椒油等调料食用，味留齿颊，经久不散。特别是严冬季节，如配以酸菜丝在一起汆制，汤鲜菜脆，大有驱寒生暖之效。酸菜、白肉、血肠，东北家常菜中的三剑客，无敌组合。

（三）大酱

虽说猪肉炖粉条、酸菜血肠家常，但东北人常年累月供在饭桌上的却是大酱。大酱是山东人"闯关东"时带到东北的，众多的山东人后裔在东北肥沃的黑土地上种植了一眼望不到边的大豆，并把山东人爱吃的大葱

东北特色美食血肠

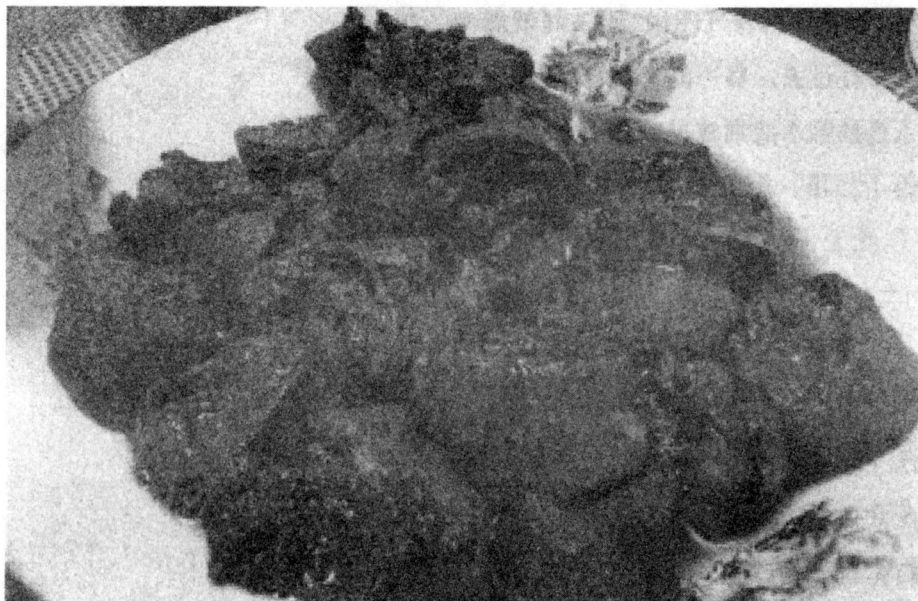

东北蘸酱菜

蘸大酱的习俗发扬光大。大酱是东北谁家都不能缺的食物，炖肉炖鱼要放，炸酱面也少不了，但最家常的吃法要数吃法简单的蘸酱菜。大葱、箩卜、辣椒、土豆、白菜，加上一小碟炸好的肉酱或鸡蛋酱让人们的生活回味无穷，像川湘人离不开辣椒、江浙人离不开白糖、山西人家家储备一缸老陈醋一样，东北的农家必定有一缸两缸的大酱，东北人的大酱情结只怕是一生都无法解开。

（四）吉林有道"吉菜"

吉菜具有深厚的文化底蕴，它的形成发

关东的饮食文化

小鸡炖蘑菇

展与吉林的地理、历史、经济、民族、文化、风俗、资源等因素密切相关。吉林处于我国东北中部，是世界三大黑土地之一，土地肥沃，物华天宝，具有极为丰富的动植物资源，尤其是"天然、绿色"资源得天独厚，是吉菜发展的有利条件。

吉菜历史悠久，早在三千年前满族的祖先就定居在白山黑水之间，过着渔猎生活。吉林自古还有汉、朝、蒙等民族在这里繁衍生息，各民族文化和饮食习惯不同，如满族人喜食炖菜和面点、朝鲜族酷爱冷面和狗肉、蒙古族爱吃烤肉，这些特有的饮食习惯，形成了独特的多元化饮食文化。在烹调技法上，吉菜受鲁菜影响较大。伪满洲国统治时期，末代皇帝溥仪在长春建立伪满洲国皇宫，一时成为当时政治文化中心，宫中御膳房除北京的清宫御厨，山东名厨也纷至沓来，使山东菜、宫廷菜与吉林民间菜肴相互交融，对当地的烹饪技艺产生了很大的影响。吉林冬天气候寒冷，人体需要的热量多，加上吉林人热情好客、讲究丰满实惠，所以菜肴肉多，尤其是山珍野味多。无论哪个民族，每当客人来到，便拿出酒肉盛情款待，大块吃肉、大碗喝酒，而且菜肴品种多、菜量大，这是千百年来形成的饮食习俗。吉林菜肴经过多年的民族融合，已经形成了以民族、地域、

人参汽锅鸡

朝鲜族冷面

烹调技法、饮食习俗为特点的吉林风味菜点，并深受广大吉林人民的喜爱。近几年吉林经济迅速发展，人民生活水平不断提高，绿色餐饮资源更加丰富，为吉菜开发提供了良好的发展条件和空间。

（五）朝鲜冷面和打糕

朝鲜族是东北一个比较有特色的少数民族，冷面和打糕是朝鲜族独具风味的食品，也是人们最喜爱的食物。冷面有悠久的历史，

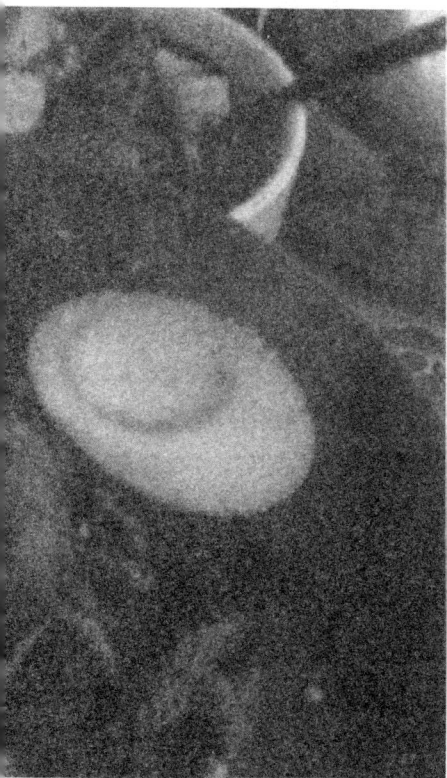

打糕是朝鲜族的风味食品

每年农历正月初四中午，朝鲜族人民习惯吃冷面，亦称长寿面，取其纤细绵长，预兆多福多寿。除此之外，凡遇喜庆节日，或新婚嫁娶，或客来宾至，这也是主人招待客人的食品。冷面的原料和佐料很是讲究，原料多是荞麦面、小麦面，也有用玉米面、高粱粉或白薯粉制作的。佐料种类多样，有牛肉、猪肉、鸡肉、蛋丝、芝麻、辣椒、苹果、苹果梨等，并以香油拌制，这种冷面吃起来酸

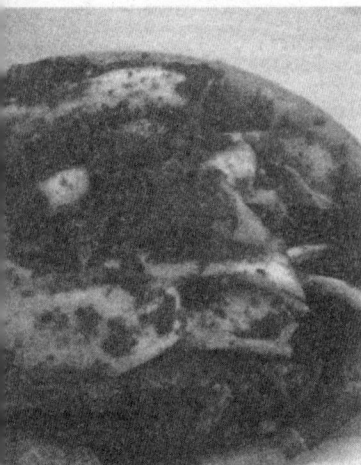
朝鲜族泡菜——辣白菜

甜香辣，清凉爽口，别有风味。

朝鲜族主要种植水稻，大米自然成为主食，朝鲜族喜欢吃米糕也和他们盛产大米有关。米糕的种类很多，有打糕、切糕、片糕等，其中以打糕为最。打糕是逢年过节、嫁女儿、娶媳妇、办丧事招待宾客的主要食物之一。做打糕时先将糯米蒸熟，放在木槽或石臼里，用木锤或石锤打烂成糕团，再放上一些小红豆做的豆沙面，蘸上白糖或蜂蜜，吃起来酥软香甜，风味很浓。

当然，朝鲜族的泡菜——辣白菜也是很有名的。他们先将洗净的白菜切开，用盐腌几天挤去水分，在每一棵白菜上抹上用胡萝卜、生姜、大蒜、干辣椒、盐、味素等做成的调料，然后一层层码在干净的缸里，每一层白菜上放一层苹果片，装满封缸。半个月后便可食用。这种泡菜吃起来香甜酸辣，十分可口。由于做法简单易学，现在许多汉族家庭也如法炮制，成为餐桌上的佳肴。

（六）烤地瓜

走在大街上，常可以听到"烤地瓜"的吆喝声，冬天更为常见。地瓜，关里人叫"白薯"或"红薯"，可东北人只叫它地瓜。

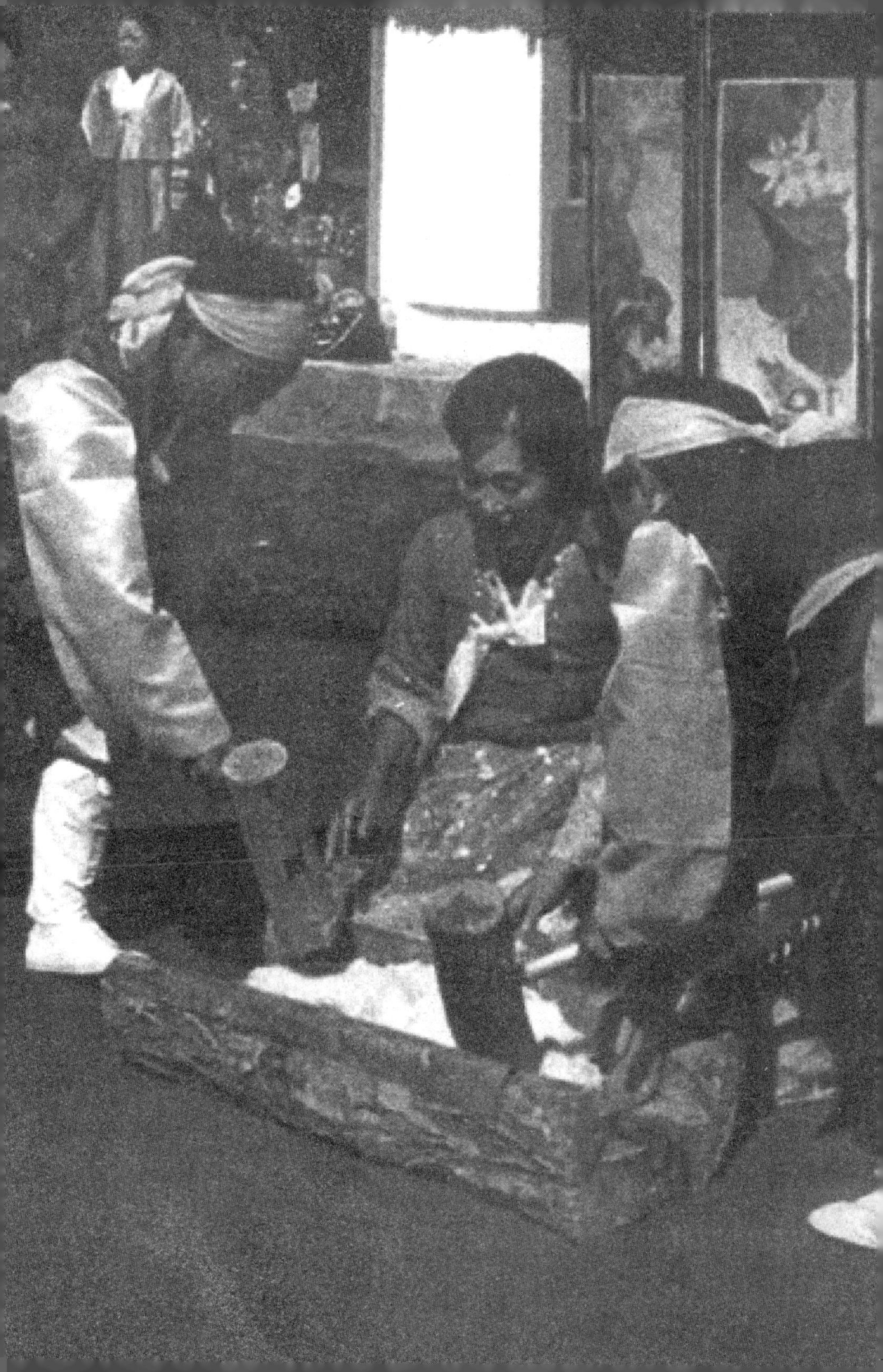

地瓜，关东人一般称之为"白薯"或"红薯"

烤地瓜所用的炉子，几乎约定俗成是用圆柱形的大汽油桶做成。上面开圆口，再做成盖子。炉膛里一般放两层箅子，都是用铁条做成。下面的一层用以将生地瓜烤熟，上面的一层中间留出空间，把烤熟的地瓜拿到这层箅子上保温。炉的下层是煤炉。也有的把煤炉和上面的"笼屉"分开，生好火之后再把上层坐上去。因为地瓜本身就含有很高的糖分，既不用去皮切块，也不用放任何佐料或预备碗筷，只要洗净烤熟就可以吃。由

热腾腾的烤炉，红皮黄瓤的颜色，让人垂
涎

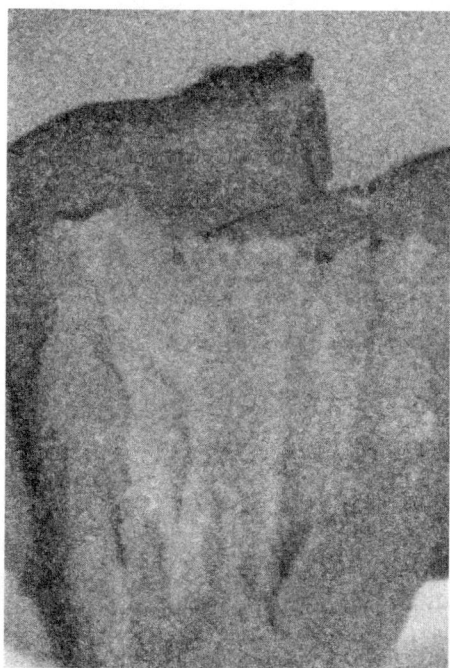

热乎乎的烤地瓜是人们冬季最喜欢的食品

关东的饮食文化

红皮黄瓤的烤地瓜

于干这一行不需要复杂的设备和手艺，而且原料和材料来源比较充足，很多人都是春夏卖菜或做其他小生意，天冷了以后买新地瓜入窖贮藏再做这行。烤地瓜虽是街头小吃一类，但也能充饥当饭吃，价钱又很便宜。在寒冷的冬天，看到热气腾腾的烤炉，想到那红皮黄瓤的颜色、热乎甜软的口感，很多路人都会买上几块。